AF125389

# BEI GRIN MACHT SICH IHR WISSEN BEZAHLT

- Wir veröffentlichen Ihre Hausarbeit, Bachelor- und Masterarbeit

- Ihr eigenes eBook und Buch - weltweit in allen wichtigen Shops

- Verdienen Sie an jedem Verkauf

Jetzt bei www.GRIN.com hochladen und kostenlos publizieren

# Trainingsplan zu Krafttraining und Gewichtsreduktion über 28 Wochen

Nico Schulze

**Bibliografische Information der Deutschen Nationalbibliothek:**

Die Deutsche Nationalbibliothek verzeichnet diese Publikation in der Deutschen Nationalbibliografie; detaillierte bibliografische Daten sind im Internet über http://dnb.d-nb.de abrufbar.

ISBN: 9783346871817
Dieses Buch ist auch als E-Book erhältlich.

Druck und Bindung: Books on Demand GmbH, Norderstedt Germany
Gedruckt auf säurefreiem Papier aus verantwortungsvollen Quellen

Das vorllegende Werk wurde sorgfältig erarbeitet. Dennoch übernehmen Autoren und Verlag für die Richtigkeit von Angaben, Hinweisen, Links und Ratschlägen sowie eventuelle Druckfehler keine Haftung.

Das Buch bei GRIN: https://www.grin.com/document/1356094

Deutsche Hochschule für
Prävention und Gesundheitsmanagement
Hermann Neuberger Sportschule 3
66123 Saarbrücken

# Einsendeaufgabe

| | |
|---|---|
| **Fachmodul:** | Trainingslehre I |
| **Studiengang:** | Bachelor of Arts Sportökonomie |
| **Datum Präsenzphase:** | 21.06.2021- 24.06.2021 |
| **Name, Vorname:** | Schulze, Nico |
| **Studienort:** | **Studienzentrum Köln** |
| **Semester:** | **Wintersemester 2020** |

# Inhaltsverzeichnis

# 1 Diagnose

Im ersten Schritt geht es um eine Erhebung allgemeiner und biometrischer Daten einer beliebig ausgewählten Person in tabellarischer Form, um eine individuelle Trainingsplan zu ermöglichen. Darauf folgt der zweite Aufgabenteil der eine Krafttestung sowie dessen Ergebnisse darstellt.

## 1.1 Allgemeine und biometrische Daten

Tabelle 1: Allgemein und biometrische Daten (eigene Darstellung)

| Name | Herr S. |
|---|---|
| Geschlecht | Männlich |
| Alter | 31 |
| Größe | 175 |
| Gewicht | 100 |
| Trainingsmotive | Gewichtsabnahme, Linderung der Rückenschmerzen, Erreichen der alten Kraftwerte und Kraftsteigerung, Wettkampf zurück gewinnen |
| Berufliche Tätigkeit | Angestellter (Logistikbetrieb) |
| Aktuelle sportliche Tätigkeit | Keine (seit einem Jahr) |
| Frühere sportliche Tätigkeit | Kraftdreikampf (3 Jahre) |
| Zeitlicher Verfügungsrahmen | drei Mal in der Woche |

In allen folgenden Aufgaben wird für Herr S. das Synonym „Proband" verwendet!

Tabelle 2: Biometrische Daten (eigene Darstellung)

| Blutdruck | 139/89mmHG<br>Es folgt ein Vergleich der Blutdruckwerte des Probanden mit den Normalwerten und deren Einordnung. |
|---|---|

Tabelle 3: Einteilung der Blutdruck-Werte laut WHO

| | Systolisch (mmHG) | Diastolisch (mmHG) |
|---|---|---|
| optimal | <120 | <80 |
| normal | 120-129 | 80-84 |
| hochnormal | 130-139 | 85-89 |
| Hypertonie Grad 1 | 140-159 | 90-99 |
| Hypertonie Grad 2 | 160-179 | 100-109 |
| Hypertonie Grad 3 | >=180 | >=110 |
| Isolierte systolische Hypertonie | >=140 | <90 |

Die Werte des Probanden liegen mit 139/89 mmHG im oberen Feld des hochnormalen Bereichs, sehr nah an Grenze zur Hypertonie Grad 1. Endziel ist das Erreichen eines optimalen Blutdrucks mit <120/<80mmHG, das vorläufige Ziel ist es den normalen (120-129/80-84) Bereich zu erreichen.

Dies sollte in der Planung des Trainings beachtet und überprüft werden.

| Ruhopulo | 79 Schläge die Minute<br>Da der Normwert zwischen 60-80 Schlägen pro Minute liegt, befindet sich der Proband im oberen Ende des normalen Bereiches. |
|---|---|

Tabelle 4: gesundheitlicher Zustand (eigene Darstellung)

| Orthopädische Probleme | Bandscheibenvorwölbung in der LWS, leichte Schmerzen im unteren Rücken |
|---|---|
| | Die Bandscheibenvorwölbung liegt schon länger (ca 1 Jahr) zurück, Proband hat erfolgreich auf die konservative Therapie mit Physio- und Bewegungstherapie angesprochen, somit resultiert die jetzige Schmerzwahrnehmung aus dem Übergewicht und der abgebauten Muskulatur im unteren Rücken, aufgrund der Trainingspause. |
| Internistische Probleme | Zurzeit keine |
| Ärztliche Behandlung | Zurzeit keine |
| Einnahme von Medikamenten | Zurzeit keine |

Durch die dargestellten allgemeinen und biometrischen Daten wird deutlich, dass der Proband keine gravierenden gesundheitlichen Einschränkungen hat. Die Verletzung wird die Trainingsplanung dahin gehend beeinflussen, dass Übungen in abgewandelter Form vorerst benutzt werden, bis die körperlichen Beschwerden auf ein Minimum bestenfalls auch vollkommen verschwunden sind. Der Proband ist kein Trainingsanfänger, hatte jedoch auch eine längere Pause. Dies sollte in der Trainingsplanung beachtet werden. Der erhöhte Blutdruck wird eine Folge der Pause sein, ebenfalls wie das Übergewicht. Diese Umstände werden sich aber während des Trainings angleichen und normalisieren. Der Proband möchte zurück in den Kraftsport (Kraftdreikampf) und möchte sich an seine alten Leistungen (Kniebeuge:190kg, Bankdrücken: 160kg, Kreuzheben: 220kg jeweils auf einer Wiederholung) so gut es geht angleichen.

## 1.2 Krafttestung

Der Test wird auf Grundlage des subjektiven Belastungsempfindens durchgeführt. Somit wird der Proband ein vorher festgelegtes Gewicht bewegen und dann mithilfe der RPE/RIR-Skala festlegen wie viele Wiederholungen mit dem Gewicht möglich sind. Für Trainingsunerfahrene ist eine Methode zu wählen, die sich auf eine festgelegte Wiederholungsanzahl oder auf die Borg-Skala stützt. Der Proband besitzt allerdings aufgrund seiner früheren sportlichen Aktivität (Kraftdreikampf, siehe Tabelle1) Vorerfahrung, somit ist es ihm möglich seine Leistung subjektiv mit der RPE/RIR-Skala also mit „repetitions in reverse" (siehe Tabelle 5) exakter einschätzen zu können. Ziel ist es hier eine RIR

„3" zu erreichen, damit so ein aussagekräftiger Wert für eine Planung für Maximalkrafttraining möglich ist, ein höherer RIR-Wert würde die Testung ungenauer machen. Nach
dem Bewegen des Gewichts sollte der Proband nach subjektiver Einschätzung in der Lage
sein 3 weitere Wiederholungen zu absolvieren (Helms et al. 2016).

Der 1-R-M-Test und X-R-M-Test sind mit ihrer hohen Belastung des Auszuübenden un-
geeignet für den Probanden. Sie bergen ein hohes Verletzungsrisiko. Dieses Risiko erhöht
sich zu dem durch die Trainingspause zum einen und auch durch den gesundheitlichen
Zustand des Probanden Im speziellen bezogen auf die derzeitigen Verletzungen/Schmer-
zen im Rückenbereich, wäre eine solche Testung kontraproduktiv.

Im Folgenden wird die Übungsauswahl für die Krafttestung detailliert beschrieben. Die
ausgewählten Übungen werden sich auch im Mesozyklus wiederfinden. Die Ergebnisse
werden in der Tabelle 6 dargestellt.

Tabelle 5: Krafttrainingsspezifische RPE-Skala – Ansatz der Wiederholungsreserve („repitions in reserve";
modfizerit nach Zourdos et al, 2016; Helms et al., 2016)

| RPE | Anstrengungsgrad/RIR |
|-----|----------------------|
| 10 | Maximale Anstrengung |
| 9 | Noch 1 Wdh. möglich |
| 8 | Noch 2 Wdh. möglich |
| 7 | Noch 3 Wdh. möglich |
| 5-6 | Noch 4-6 Wdh. möglich |
| 3-4 | Leichte Anstrengung |
| 1-2 | Geringe bis keine Anstrengung |

Im Anschluss an die Übungsauswahl wird sich mit niedriger Intensität warm gemacht,
gerade im Hinblick auf die Verletzungen ist ein spezielles und individuelles aufwärmen
nötig. Das allgemeine Aufwärmen besteht aus einer 10-minütigen Cardioeinheit, hier
wurde ein lockeres Gehen auf dem Laufband gewählt. Darauf folgt ein spezielles Aufwärmen für die jeweiligen Übungen. Es werden drei bis vier Sätze der zu testenden Übung
mit geringem Gewicht gewählt, um auf die kommende Belastung vorzubereiten. Da im
Krafttest mehrgelenkige Übungen getestet werden ist das spezielle Aufwärmen besonders
wichtig, um Verletzungen zu vermeiden. Nach dem Aufwärmen folgen 3 Testsätze die
der Proband mithilfe der RPE/RIR-Skala einschätzen wird, um recht genau ein optimales
Trainingsgewicht festzulegen, sollte es bei dem zweiten oder sogar ersten Testsatz zu
einer RIR „3" oder niedriger kommen wird auf die folgenden Testsätze verzichtet, um
den Probanden nicht überzubelasten. Abhängig von den vorangegangenen Testsätzen

wird das Gewicht für den darauffolgenden Satz höher oder niedriger gewählt. Im Kraft-dreikampf werden grundsätzlich Gewichts-/Intensitätsangaben mit dem Gewicht der Langhantel bereits inklusive angegeben. Beispiel: 60kg Bankdrücken = 2x 20kg Hantel-scheiben pro Seite + 20 kg Eigengewicht der Langhantel. Anhand der Krafttestung im Bankdrücken wird das Verfahren verdeutlicht: Im ersten Test bewegt der Proband 60kg auf einer Wiederholung und schätzt es mit einer RIR 7 ein. Im zweiten Satz sind es dann 80kg, hier schätzt der Proband. es mit einer RIR 5 ein. Im dritten und letzten Testsatz werden die von dem Probanden bewegten 100kg mit einer RIR 2,5 eingeschätzt. Das ergibt für die Übung „Bankdrücken" eine optimale Auslage, aus der die weitere Trai-ningsplan stattfinden kann. In der nachfolgenden Tabelle werden die Übungen und die Ergebnisse aus der Testung dargestellt.

Tabelle 6: Darstellung der Ergebnisse der Krafttestung und Übungen (eigene Darstellung)

| Übung | Testsatz Nr.1 | RIR | Nr.2 | RIR | Nr.3 | RIR |
|---|---|---|---|---|---|---|
| Highbar Kniebeuge | 80kg | 7 | 100 | 5 | 120 | 3 |
| Bankdrücken | 60kg | 7 | 80kg | 5 | 100 | 2,5 |
| Sumo-Kreuzheben | 80kg | 7 | 100kg | 6 | 140kg | 3 |
| Latzug | 40 | 6 | 55kg | 3 | / | / |

Es können aus den Ergebnissen folgende konkrete Schlussfolgerungen und Konsequen-zen für die weitere Trainingsplanung gezogen werden. Der Proband ist trotz Pause und Verletzungen in der Lage eine gute Leistung abzuliefern und durch die subjektive Ein-schätzung mithilfe der RPE/RIR-Skala können so die optimalen Trainingsgewichte und Intensitäten zur Reizsetzung ermittelt werden. Es wurden im Vorrerein abgewandelte Übungen zum Kraftdreikampf getestet, welche Schlussendlich auch im Mesozyklus Ver-wendung finden, so wurde die Kniebeuge von einer eigentlichen tiefen Ablage der Han-telstange („lowbar") zu einer Kniebeuge mit hoher Ablage der Stange umgewandelt („highbar") um so Belastung vom Rücken zu nehmen, da es weniger zu einem Nach-vorne-fallen kommt und um den Quardizeps mehr zu beanspruchen und so ein effektive-res Hypertrophietraining zu gewährleisten. (Glassbrook et. Al, 2017)
Ebenso findet diese Anpassung im Kreuzheben statt, so wird auf einen konventionellen Stand verzichtet und mit der Sumo-Variation anstelle trainiert, um auch so durch die auf-rechtere Haltung wieder Überbelastung im Rücken zu vermeiden (Piper, Waller, 2001).
Der hochnormale Blutdruck des Probanden sollte ebenfalls in die Planung mit einbezogen werden.

# 2 Zielsetzung und Prognose

Im weiteren Verlauf wird auf die Ziele des Probanden eingegangen, dazu werden Parameter im biometrischen und sportmotorischen Bereich einbezogen Zu beachten sind hierbei die Erreichbarkeit und individuelle Charakter der Ziele, um so die Motivation hoch und weitere Verletzungen oder Überbelastung zu vermeiden.

Tabelle 7: Biometrische und sportmotorische Ziele (eigene Darstellugn)

| Inhalt | Ausmaß | Zeit |
|--------|--------|------|
| Gewichtsreduktion | 15kg | 28 Wochen |
| Blutdrucksenkung | Von hochnormal 139/89 mmHg zu normal 120-129/80-84 mmHg Systolisch: Senkung um 10 mmHg Diastolisch: Senkung um 5 mmHg | 14 Wochen |
| Kraftsteigerung | 15% | 28 Wochen |

Die Diagnose aus Aufgabenteil 1 überschneidet sich mit der Zielsetzung des Probanden und so lässt sich auch der hochnormale Blutdruck erklären, der aufgrund des Übergewichts entsteht. Im Vordergrund steht aber der Muskelaufbau und Gewichtsabnahme, um die Schmerzen im unteren Rückenbereich zu lindern und weiter Kraft aufzubauen. Durch das verlorene Gewicht kann auch der Blutdruck gesenkt werden, jedes verlorene Kilo senkt den Blutdruck um 1-2 mmHg. Weiterhin senken wir das Risiko für weitere Beschwerden oder Folgeerkrankungen, die durch Übergewicht entstehen können. Dynamisches Krafttraining eignet sich besonders gut für eine Blutdrucksenkung im hochnormalen Bereich (Schmidt, J. 2021). Bei der sportmotorischen Zielsetzung mit der Kraftsteigerung wird auf die RPE/RIR-Skala (Tabelle: 5) wieder zurückgreifen und so die Kraftsteigerung mittels des bewegten Gewichts bei gleicher RIR, wie in der Krafttestung, feststellen.

# 3 Trainingsplanung Makrozyklus

In diesem Aufgabenteil wird der Makrozyklus des Herrn S. dargestellt. Die langfristige Trainingsplanung wird auch als Makrozyklus bezeichnet und geht in der Regel um die 6

Monate, hier sind es 7 Monate. Anschließend an der folgenden Darstellung des Trainings-plan des Probanden wird auf verschiedene Themenbereiche näher eingegangen. Es wird sich in der ausgewählten Trainingsmethode auf Bredenkamp & Hamm (2000) bezogen.

Tabelle 8: Darstellung eines Makrozyklus (eigene Darstellung)

| | Mesozyklus I | Mesozyklus II | Mesozyklus III | Mesozyklus IV | Mesozyklus V | Mesozyklus VI |
|---|---|---|---|---|---|---|
| | Hypertrohie-block I | Kraftblock I | Entlade-phase I | Hypertro-phie Block II | Kraftblock II | Entlade-phase II (Ta-perwoche) + Krafttestung I |
| Dauer | 8 | 4 | 2 | 8 | 4 | 2 |
| Trainings-ziel | Muskelauf-bau | Kraftaufbau/ IK- Training | Aktive Ru-hephase | Muskelauf-bau | Kraftaufbau/ IK- Training | Aktive Ru-hephase (1. Woche), Krafttestung (Woche 2) |
| Einheiten/ Woche | drei | drei | drei | drei | drei | zwei |
| Organisati-onsform | Ganzkörper/ Stationstrai-ning | Ganzkörper/ Stationstrai-ning | Ganzkörper/ Stationstrai-ning | Ganzkörper/ Stationstrai-ning | Ganzkörper/ Stationstrai-ning | Ganzkörper/ Stationstrai-ning |
| Übungen/ Muskel-gruppe | 1-2 | 1-2 | 1 | 1-2 | 1-2 | 1 |
| Sätze/ Übung | 4-5 | 4 | 4 | 4-5 | 4 | 4 |
| Wiederho-lungen | 6-12 | 4-8 | 5 | 6-12 | 4-8 | 3 |
| Satzpausen | Nach sub-jektivem Empfinden (1-5 Min.) | Nach sub-jektivem Empfinden (1-5 Min.) | Nach sub-jektivem Empfinden (1-5 Min.) | Nach sub-jektivem Empfinden (1-5 Min.) | Nach sub-jektivem Empfinden (1-5 Min.) | Nach sub-jektivem Empfinden (1-5 Min.) |
| Intensität | RIR 4 | RIR 3 | RIR 5 | RIR 2 | RIR 1 | RIR1/3 |
| Bewe-gungstempo | gleichmäßig | gleichmä-ßig-explosiv | gleichmäßig | gleichmäßig | gleichmä-ßig- explosiv | gelichmä-ßig- explosiv |

## Trainingsmethode

Da die Krafttestung bereits in einem subjektivem Belastungsverfahren stattgefunden hat, wird zur Erstellung der Trainingsplanung in einem Makrozyklus die Trainingsmethode nach Bredenkamp & Hamm (2000) angewandt, da diese ebenfalls ein Training mit subjektivem Belastungsempfinden behandelt. Die Methode richtet sich eher an leistungsorientierte Freizeitsportler, da der Proband aber auch als Ziel hat wieder eine wettkampftaugliche Form zu erreichen lässt sich er sich hier zu ordnen. Somit ist eine gewisse erhöhte Ausbelastung in Richtung des Kraftmaximums von Nöten, auch wenn die gesundheitlichen Aspekte des Probanden immer noch mit ein bezogen werden müssen. Unteranderem können so die etwas ungenaueren Werte relativiert werden, da ein gewisser Mittelweg zwischen Leistungsniveau und gesundheitsförderndem Training gefunden werden muss. Durch das leistungsorientierte Krafttraining nach dem subjektiven Belastungsempfinden nach Bredenkamp & Hamm (2000) soll das Erreichen des sportmotorischen Ziels der Kraftsteigerung aber auch die biometrischen Ziele, also Gewichtsabnahme und Fettreduktion sowie Senkung des Blutdrucks, gewährleistet werden.

## Belastungsparameter

Zu den Belastungsparametern zählt die Belastungshäufigkeit, der Belastungsumfang, die Belastungsdauer sowie die Belastungsintensität. Diese werden im Folgenden genauer erklärt.

Um einen merkbaren Kraftgewinn zu erreichen, reichen für fortgeschrittene Trainierende drei Trainingseinheiten in der Woche aus, weniger Trainingseinheiten wären aber eher kontraproduktiv, da es bei nur einer Trainingseinheit zu keinem signifikanten Anstieg der Muskelmasse kommt. (Wirth K., Atzor KR., Schmidtbleicher D. 2007). Mit drei Trainingseinheiten wird optimal im vorgegebenen Rahmen vom Probanden, aus der Anamnese, gearbeitet. Die Übungen werden auf 1-2 pro Muskelgruppe beschränkt. Viele Verbundübungen werden verwendet, da der Proband seine Präferenz im Kraftdreikampf hat und dort Verbundübungen zur vorgegeben Wettkampfleistung gehören. Somit reichen, aufgrund des Ganzkörpertrainings und dem Ziel der Kraftmaximierung, bereits 4-6 Übungen aus, um Trainingsreize zu setzen.

Die Zusammenatzung aus Belastungsintensität und Wiederholungen bildet den Belastungsumfang. Ein Mehr-Satz-Training hat sich innerhalb vieler Studien und Leistungsbereichen bewährt und wird auch hier angewendet. (Fröhlich, 2006)

Mit Hilfe der RPE/RIR-Skala lässt sich die gewählte Intensität im Dargestellten Makrozyklus erläutern. Es wird im Intensitätsbereich „5-3" gearbeitet, so soll als Beispiel im ersten Mesozyklus bei einer gewissen Wiederholungs- und Satzanzahl die RIR „3" eingehalten werden, die Variation entsteht aufgrund der Periodisierung und passt sich den verschiedenen Blöcken an, hier wird aber an anderer Stelle genauer drauf eingegangen. Die RPE/RIR-Skala eignet sich besonders für Fortgeschrittene Sportler und Trainierende, da sie in der Lage sind das Training subjektiv besser einzuschätzen als Trainingsanfänger. (Helms et al, 2016)

## Organisationsformen

Das Ganzkörpertraining wurde für den Probanden aufgrund seiner zeitlichen Verfügung gewählt. In allen sechs Mesozyklen wird das Training als Stationstraining ausgeführt, also werden erst alle Wiederholungen und Sätze an einer Übung durchgeführt und erst dann findet der Wechsel zur nächsten Übung statt. Da es in dieser Planung im Kern um Kraftdreikampf und Maximalkrafttraining geht unterliegen wir hier stark dem Gesetz der Spezifität und haben mehrgelenkige Übungen im Fokus (Israetel, Hoffman, Wesley, 2015). Um den Fokus auch während der Übung beizubehalten, wird von einem Kreistraining abgesehen.

## Periodisierung

Die Makrozyklusplanung besteht aus 6 Mesozyklen mit, je nach Block, angepasster Dauer. Insgesamt handelt es sich hier um 28 Wochen/7 Monate, wie im Abschnitt „Belastungsparameter" bereits angesprochen, wird die Trainingsplanung in Blöcken gestaltet. Es handelt sich also um eine Blockperiodisierung oder auch lineare Periodisierung. Im ersten Mesozyklus geht es hauptsächlich um den Aufbau von Muskelmasse und Reduktion von Fett, das bedeutet das mit niedriger Intensität und hoher Wiederholungszahl trainiert wird. Dieses Verfahrenen ist im Kraftdreikampf der Standard und kann auch hier angewendet werden, da der Proband ein erhöhtes Leistungsniveau bereits besitzt. Der zweite Mesozyklus zielt auf die Maximalkraftentwicklung ab und stärkt die intramuskuläre Koordination. Im Anschluss erfolgt der dritte Mesozyklus in dem die Intensität und Wiederholungen wieder verringert werden, sowas wird auch „Deload" oder wie hier „Entladephase" genannt. Dies dient zum Abbau der gesamten körperlichen Erschöpfung, die in den vorangegangenen Blöcken aufgebaut wurde.

Mesozyklus IV und V gleichen Mesozyklus I und II, allerdings wird der Mesozyklus VI abgeändert und dieser gleicht nicht Mesozyklus III. Im sechsten Mesozyklus haben wir in der ersten Woche eine andere Art der Entladephase, eine sogenannte Taperwoche, im Gegensatz zur normalen Entladephase, in der Intensität und Wiederholungen gesenkt werden, bleibt hier die Intensität mindestens gleich hoch wie vorangegangen Block. Allerdings werden die Trainingsfrequenz sowie Wiederholungszahlen herabgesetzt. So soll die Kraftleistung weiterhin hoch, aber die körperliche Erschöpfung niedrig gehalten werden. Zudem wird wettkampfspezifisch trainiert, dies soll das Ziel haben, um in der zweiten Woche des Mesozyklus VI eine optimale Krafttestung durchzuführen (Grigc, Mikulic, 2017).

Grundsätzlich steht eine korrekte Ausführung der Übungen und Bewegungsabläufe im Vordergrund und zur Vermeidung von Verletzungen sollte auch eine dynamische Vorbereitung auf jeweilige Belastungen durchgeführt werden. Auch um das Herz-Kreislaufsystem in Schwung zu bringen. Durch diese Periodisierung sollen Leistungsstagnationen vermieden und optimale Erholung zwischen Belastungsreizen erzielt werden.

# 4 Trainingsplanung Mesozyklus

Tabelle 9: Darstellung des Mesozyklus II aus Makrozyklus Aufgabe 3 (eigene Darstellugn)

| Dauer | 4 Wochen |
|---|---|
| Trainingsziel | Kraftaufbau |
| Einheiten/ Woche | drei |
| Organisationsformen | Ganzkörper, Stationstraining |
| Übungen/ Muskelgruppe | 1-2 |
| Sätze/ Übung | 4 |
| Satzpausen | Nach subjektivem Empfinden (1-5 Min) |
| Wiederholungszahl | 4-8 |
| Intensität (RPE-Skala) | RPE 7 (Anstrengungsgrad „noch 3 Wdh möglich") |
| Bewegungstempo | gleichmäßig-explosiv |

Tabelle 10: Darstellung der Übungsauswahl Mesozyklus II (eigene Darstellung)

| Übungen | Wiederholungen | Sätze | Satzpausen | Gewicht |
|---|---|---|---|---|
| „Highbar" Kniebeuge" mit Langhantel | 4 | 4 | Nach subjektivem Empfindon (2-5 Min | 120kg |
| Bankdrücken mit Langhantel | 4 | 4 | Nach subjektivem Empfinden (2-5 Min | 95kg |

Tabelle 10: Darstellung der Übungsauswahl Mesozyklus II (eigene Darstellung)

| Sumo-Kreuzhe-ben mit Langhan-tel | 4 | 4 | Nach subjektivem Empfinden (3-5 Min | 130kg |
|---|---|---|---|---|
| Latzug, vertikal | 8 | 4 | Nach subjektivem Empfinden (1-2 Min | 55kg |
| Seitheben mit Kurzhanteln | 8 | 4 | Nach subjektivem Empfinden (1-2 Min | Subjektiv Gewicht-wählen nach RPE 7 |
| Trizeps Extension am Kabelturm | 8-12 | 4 | Nach subjektivem Empfinden (1-2 Min | Subjektiv Gewicht-wählen nach RPE 7 |

## Begründung der Übungsauswahl

Der Fokus bei der Übungsauswahl liegt auf den großen drei Verbundübungen/ mehrge-lenkigen Übungen, also der Kniebeuge, dem Bankdrücken und dem Kreuzheben. Die Üb-rigen Übungen dienen als Assistenz für die zuvor genannten Übungen und dienen nur dem Zweck muskuläre Dysbalancen zu vermeiden und um in den Verbundübungen mehr Kraft generieren zu können. Der Fokus liegt aufgrund der Spezifizität auf diesen Übun-gen. Um eine gute Wettkampfleistung in der Kniebeuge zu vollführen, muss man unter anderem diese gezielt trainieren (Israetel, Hoffman, Wesley, 2015). Zudem sind dynami-sche Übungen auch vom Vorteil, um mit einer Blutdrucksenkung weiter voranzuschreiten (Schmidt, J. 2021).

Ein weiterer Vorteil von mehrgelenkigen Übungen ist die Stärkung der intermuskulären Koordination und Verbesserung der Beweglichkeit, welche dem Probanden nicht nur im Training sondern auch im Alltag zugutekommen (Hios G., Ziegner K., 2006).

Die Variationen bei den Übungen wurde so ausgewählt das es zu einer optimaleren Posi-tion des unteren Rückens kommt, um so noch immer nah an den Wettkampfübungen zu trainieren und gute Trainingsreize für den Kraftaufbau zu setzen, aber dennoch die Rü-ckenschmerzen des Probanden im Blick zu behalten und zur Linderung beizutragen.

Als erste Übung wurde die Kniebeuge gewählt. Bei dieser Übung findet eine Flexion sowie Extension Hüft- und Kniegelenk statt, wobei besonders M. quadriceps fermoris und der M. gluteus maximus beansprucht werden. Auch arbeitet die abdominale Musku-latur wie M. transversus abdiminis mit sowie unteranderem die ischiocrurale Muskulatur mit. Im Bankdrücken wird hauptsächlich der M. pectoralis major, M. pectoralis minor sowie M. deltoideus und M. triceps brachii, mittels der Extension und Flexion der Ellenbogen. Die Schulter befindet sich in einer Retraktion und gleichzeitig in einer Depression, um den Schultergürtel zu schützen. Die zweite und letzte Übung für die unteren Extremitäten ist das Kreuzheben. Hier in der Sumo-Variante. Durch eine Extension des M. quadriceps femoris und und Aufrichtung des Oberkörpers werden hier verstärkt der M. erector spinae, Latissimus dorsi sowie M. qurdiceps femoris und M. gluteus maximus beansprucht.

Zuletzt werden die Assistenzübungen genauer beleuchtet. Die erste Übung ist der Latzug, welcher mit einer Depression im Schultergürtel und einer Flexion im Ellbogengelenk vorrangig den M. latissimus dorsi, den M. biceps brachii, den M. brachialis, M. trapezius und den M. pectoralis major/minor (beide) beansprucht. Diese Übung zielt auf die obere Rückenpartie ab und ergänzt somit das Kreuzheben für ein Trainings des gesamten Rückens. Als erste isolierte Übung wird auf das Seitheben zurückgegriffen, um so durch eine Elevation des gestreckten Arms, seitlich am Körper, optimal die Deltamuskulatur also Pars clavicularis/acromialis/spinalis anzusprechen und um den M. supraspinatus und M. trapezius weiter zu stärken. Die letzte ausgewählte Übung ist Trizeps Extensions, Hier handelt es sich ebenfalls um eine isolierte Übung und sie dient nur Assistenz zur Kraftsteigerung des Bankdrückens. Durch eine Extension der Ellenbogenbeuge wird vorrangig der M. triceps barchii beansprucht.

Mittels dieser Übungen soll eine Kraftsteigerung in den wettkampfrelevanten Übungen für den Kraftdreikampf stattfinden.

# 5 Literaturrecherche

Tabelle 11: Darstellung der Studie „Combined aerobic and resistance exercise imrpoves gylcemic control and fitness I type 2 diabetes."

| Autoren | Mairona A., O'Driscoll G., Goodman C.,Taylor R., Green D. |
|---|---|
| Publikationsjahr | 2002 |
| Fragestellung | Wie wirksam ist kombiniertes Ausdauer- und Krafttraining auf Regulation des Blutzuckers, Reduktion von Körperfett sowie kardiorespitorische Fitness und Muskelkraft bei Typ 2-Diabetes-Patienten? |
| Probanden | Die Studie wurde mit 16 Personen durchgeführt, davon waren 14 Männer und 2 Frauen mit einem Durchschnittsalter von 52 Jahren. |

Tabelle 11: Darstellung der Studie "Combined aerobic and resistance exercise improves glycemic control and fitness in type 2 diabetes."

| Versuchsdurchführung | Probanden wurden aufgeteilt und per Zufallsverfahren zuerst einem 8-wöchigem Circuit-Trainingsprogramm oder der Gruppe ohne spezielles Trainingsprogramm (ebenfalls 8-wöchig) zugeteilt. Nach Ablauf dieser 8 Wochen wurden die Gruppen getauscht. Insgesamt Beobachtungsdauer waren 16 Wochen. Circuit-Programm: <ul><li>Drei Trainings in der Woche</li><li>Je Stunde pro Training</li><li>Trainings begangen und endeten mit 10-minütigen Warm-Up/Cool-Down</li><li>Insgesamt 7 Kraft- und 8 Ausdauerübungen jeweils abwechselnd ausgeführt</li><li>Die Kraftübungen bestanden aus beidseitiger Beinpresse, Hüftstreckung jeweils rechts und links, Brustmuskelübung und Schulterstreckung sowie Bauchmuskelübung, sitzend und beidseitiger Beinbeugung.</li><li>Die Ausdauerübungen bestanden aus dem Fahrradergometer.</li><li>Belastungen/Übungen wurden für 45 Sekunden aufrecht erhalten darauf erfolgten 15 Sekunden Pause, um zur nächsten Übung zu wechseln. Zum Abschluss gab es einen 5-minütigen Lauf auf dem Laufband</li><li>Steigerung des Zirkeltrainings von einem auf drei Durchläufe pro Trainingstag</li><li>Kraftübungen wurden mit 55% der Vortrainingsmaximallast und Ausdauerübungen mit 70% der maximalen Herzfrequenz durchgeführt, auch hier erfolgte eine Anpassung der Intensität über die Trainingseinheiten. Somit steigerten sich die Kraftübungen auf 65% der Maximalkraft und die Ausdauerübungen auf 85% der maximalen Herzfrequenz.</li></ul> |
|---|---|
| Ergebnisse der Studie | Probanden waren übergewichtig und infolgedessen verfügten sie über einen hohen Körperfettanteil, eine schwache Ausdauerleistung sowie, trotz Medikation, eine schlechte Blutzuckereinstellungen im Bereich der Nüchternglucose- (12 mmol/l) und des glykosylierten Hämoglobinwerts (8,5). Durch das Circuit-Training konnten deutliche Verbesserungen im Nüchternglucose- (9,8 mmol/l) und glykosyliertem Hämoglobinwert (7,9) erreicht werden. Abnahme des Körperfettanteils, Zunahme der Muskelmasse sowie Erhöhung der maximalen Sauerstoffkapazität sind ebenfalls positive Effekte des Circiut-Trainings. Es gab bei den Probanden auch keine Ausfälle oder sonstige Nebenwirkungen. Allerdings sieht man nach dem Wechsel der Gruppen auch wieder Verschlechterungen der Werte, somit sind die positiven Effekte nicht anhaltender Natur, sprich ohne Training werden die Werte wieder steigen (Hier als Beispiel die Nüchternglucose- und glykosylierten Hämoglobinwerte). |
| Schlussfolgerung | Die Kombination von Kraft- und Ausdauertraining wirkt sich sehr positiv auf Patienten mit Diabetes Typ 2 aus, auch wenn die Effekte nicht bleibend sind, sondern das Training stetig weitergeführt werden muss, dennoch wird ein solches Training von Patienten gut entgegengenommen und auch körperlich gut toleriert. |

Tabelle 12: Darstellung der Studie „DIAKTIV" (Diabetes- Ausdauer- u. – Krafttraining im Vergleich): Kardiovaskuläre Effekte von Ausdauer- versus Krafttraining bei Typ-2- Diabetikern

| | |
|---|---|
| Autoren | K. Edel, A. Coerdt, D. Koliou, M. Koster, I Aufderheide, R. Degenhardt |
| Publikationsjahr | 2006 |
| Fragestellung | Ist Krafttraining eine Alternative zum Ausdauertraining für die Therapie der Typ-2-Diabetiker und wie unterscheiden sich die Konzepte im kardiovaskulären Bereich? |
| Probanden | 32 übergewichtige Typ-2-Diabetiker davon waren 17 weiblich und 15 männlich mit einem Altersdurchschnitt von 61,4 Jahren. Es wurde eine Krafttrainingsgruppe und eine Ausdauertrainingsgruppe aufgestellt und die Probanden wurden gleich aufgeteilt zwischen diesen Gruppen. Das Training wurde 6 Monate durchgeführt. (Okt. 2004- Apr. 2005) |
| Versuchsdurchführung | Das Training fand zweimal in der Woche statt für je 45 Minuten pro Einheit. Die Ausdauergruppe fuhr bei 50-65% der Maximalleistung auf dem Fahrradergometer, die Kraftgruppe hingegen trainierte bei 60-80% der Maximalkraft an 5 Trainingsgeräten. Es gab drei Messpunkte die über die Zeit der Durchführung, also 6 Monate, gesetzt wurden: Beginn der Studie, nach 3 Monaten und 6 Monate. Gemessen wurden dabei Parameter wie HbA1c, Cholesterin, HDL-Chol., LDL-CHol., Triglyzeridim Serum, sowie Kraftmessungen des Quadrizeps und BMI-Messungen. |
| Ergebnisse der Studie | Gewicht und BMI sanken in beiden Gruppen, zu dem stieg die maximale Leistungskraft signifikant an (p=0,007). Ebenso konnten die Triglyzeride weiter gesenkt werden. Bei den Werten für HbA1c, Cholesterin, HDL-Chol. und LDL stiegen weiter an, dies ist aber unteranderem auf die Jahreszeit zu dem die Studie durchgeführt wurde, zurückzuführen. |
| Schlussfolgerung | Bei beiden Trainingsarten wurde ähnliche Verbesserungen im Bereich des Herz-Kreislaufsystems machen, somit stellt Krafttraining für Typ-2-Diabetiker eine durchaus legitime Alternative zum Ausdauertraining dar. |

# 6 Literaturverzeichnis

Bredenkamp A. & Hamm M. (2000). *Trainieren im Sportstudio*. Bünde Fitness Kontur.

Edel K., Coerdt A., Koliou D., Koster M., Aufderheide I., Degenhardt R. (2006). DIAK-TIV (Diabetes-Ausdauer- u. -Krafttraining im Vergleich): Kardiovaskuläre Effekte von Ausdauer- versus Krafttraining bei Typ-2-Diabetikern. In *Diabetologie und Stoffwechsel* Ausgabe S1

Fröhlich M., Zur Effizienz des Einsatz- vs. Mehrsatz-Trainings. SpW 36. Jg, 2006, Nr.3

Glassbrook D., Helms E., Brown S., Storey A. (2017). A Review of the Biomechanical Differences Between the High-Bar and Low-Bar Back-Squat. In *Journal of Strength and Conditioning Research*. V31 S.2618-2634

Grigc J., Mikulic P., (2017) Tapering Practicea of Croation Open-Class Powerlifting Champions. In *Journal of Strength and Conditioning Research*. V.31 S. 2371- 2378

Helms E., Cronin J., Storey A., Zourdos M. (2016). Application of the Repetions ind Reserve-Based Rating of Perceived Exertion Scale for Resistance Training. In *Strength and Conditioning Journal*. V. 38 S. 42-49

Hois G., Ziegner K., (2006). *Grundlagen des mehrgelenikgen Trainings in Theorie und Praxis*. B&G Bewegungstherapie und Gesundheitssport. Stuttgart: Thieme Verlag, S.18-25

Israetel M., Hoffmann J., Wesley Smith C., *Scientific principles of strength training*.C.3 S. 26

Mairona A., O'Driscoll G., Goodman C.,Taylor R., Green D. (2002). Combined aerobic and resistance exercise improves glycemic control and fitness in typ 2 diabetes. In *Diabetes Resarch and Clinical Practice* 56, S.115-123

Piper T., Waller M., (2001). Variations of the Deadlift. In *Strength and Conditioning Journal*. V. 23, S. 66

Schmidt J., Personalisiertes Training: Blutdruck effektiver senken. CME 18, S.34 (20219

Reimer D., Völker K. (2018). Blutdruck (arterielle Hypertonie). Springer.

Wirth K., Atzor KR und Schmidtblecher D. (2007). Veränderung der Muskelmasse in Abhänigigkeit von Trainingshäufigkeit und Leistungsniveau. 58 Nr. 6. *In Deutsche Zeitschrift für Sportmedizin.* S. 182

# 7 Tabellenverzeichnis